Elke Nürnberg ☐ Wie viel Tage hat die Zeit?

Elke Nürnberg

WIE VIEL TAGE HAT DIE ZEIT?

Inhaltsverzeichnis

Gedichte

Tagebuchseiten

Gedichte

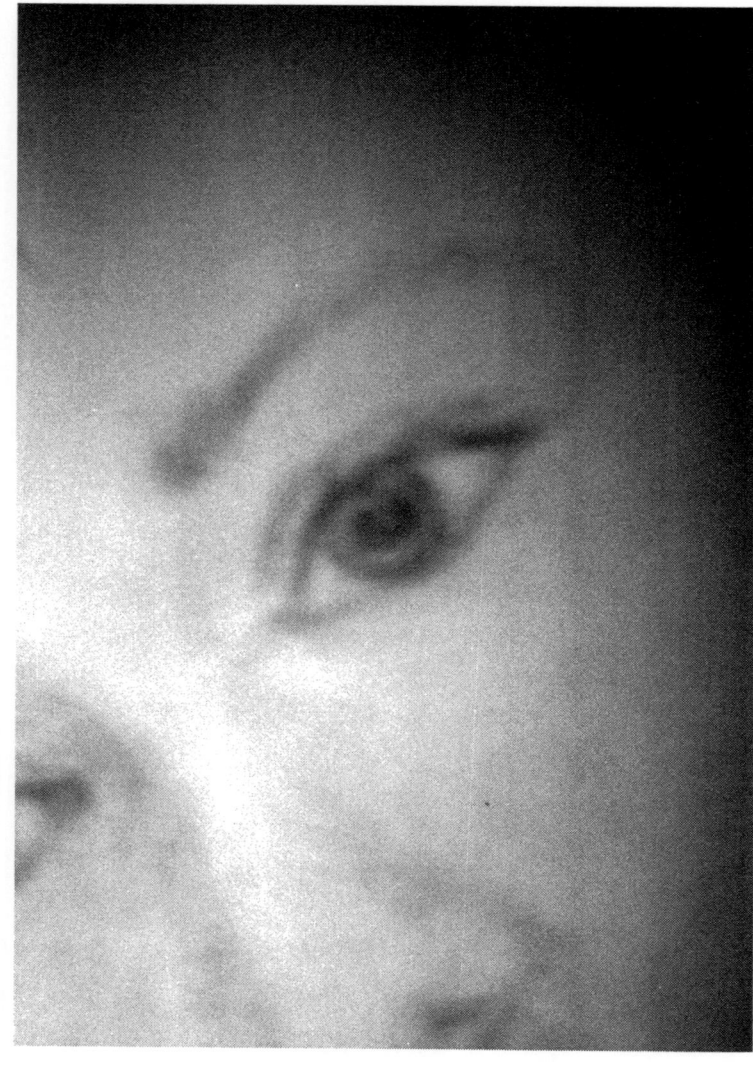

FÜR MICH

Ich male meine Bilder
wenn's mir gerade passt...
Ich schreibe diese Zeilen
weil mir *das Freude macht...*

Wie schön etwas zu schaffen
wenn niemand dazu drängt...
Wie schön etwas zu machen
woran man selbst nur denkt...

IRRTUM

Wenn du wissen willst
wohin ich gehe
dann komm mit ...

Wenn du wissen willst
was ich denke
dann sag ich's dir...

Wenn du nun aber glaubst
meine Gedanken zu kennen
und auf meinen Wegen zu gehen
dann irrst du dich...

Weg und Gedanke
liegen nicht so frei-
Sei doch schon froh
wenn nur ein Funke
manchmal zu dir übergeht...

GEDANKEN

Gedanken
kommen - gehen
wohin sie wollen
wann sie wollen
ohne dich zu fragen
ob du sie willst...

Schlecht ist
wenn du sie nicht haben willst...

Schön ist
wenn du dich mit ihnen freuen kannst...

Gut ist
wenn du weißt
wie man sich auch eigne machen kann...

SELBSTBEWUSST

Wenn du etwas werden willst
musst du oft schon etwas sein-
Bist du nichts
hast du es doppelt schwer-
Musst dir
Selbst bewusst *schon* sein...

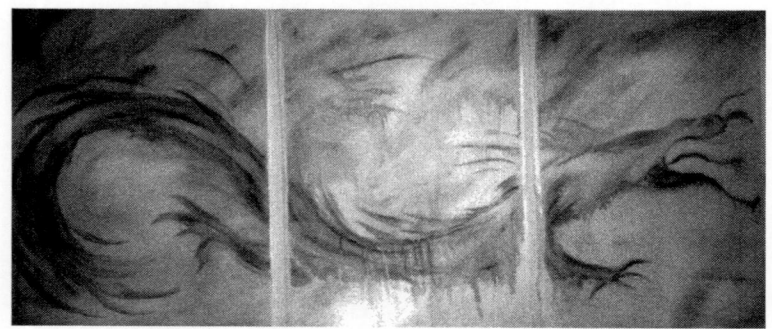

ANGST

Einmal zu tun
was man wirklich will...
Schon manchmal hast du angefangen
bist oft den ersten Schritt gegangen
hast ständig daran gedacht
und es doch nicht
wahr gemacht...

FRAGEN

Fragen von heute
sind nicht Fragen von gestern
und nicht von morgen
obwohl einige ewig sind...
Früher hatten wir viele Fragen
viele Fragen
die uns niemand
beantwortet hat...
Heute hast du auch noch Fragen
doch niemanden mehr
den du noch fragen kannst...
Frage-
Wer nicht mehr fragt
wird dumm...

UNGEDULD

Wie lange soll man warten
das Ziel erscheint doch leicht
wie schwer dann zu ertragen
wenn man es nicht erreicht...

Wie lange kannst du warten
auf das was du nicht bist ?
Ich will noch heute starten
weil Warten schmerzhaft ist...

ALLEIN

Ich renne gegen Wände
wenn andre durch die Türe gehn...
Es kann doch so nicht bleiben...
Könnt ihr das nicht verstehn?

Ich renne gegen Wände
die Wände sind aus Stein...
Die Schmerzen unerträglich...
Ich schaff es nicht allein...

Ich renne gegen Wände
man nimmt mich nicht mal wahr...
Um mich herum nur Stille...
Mir wird so manches klar...

WEN WIR DOCH SO BEGRÜßEN ?

Wen wir doch so begrüßen
den Nachbarn
Chef und Feind -
Wir reden dann von Dingen
die keiner von uns meint...

Mir wird die Hand schon klebrig
vor lauter Herzlichkeit -
Wir lächeln
wie die Sonne
in dieser kalten Zeit...

Ihr denkt- den werd ich küssen
doch da wird nichts daraus -
Für Freunde
weiß ich lange
reicht schon ein Augenzwinkern aus...

MANCHMAL

Manchmal
möchten wir nicht mehr da sein
wo wir heute sind
nicht mehr das sein
was andere in uns sehen...

Manchmal
wollen wir so sein
wie jemand neben uns
und nicht mehr das tun
was man von uns verlangt...

Manchmal
werden wir uns selber hassen
und nicht mehr so sein
wie man uns schon lange kennt...

Manchmal -
aber nicht immer...

ZERRISSEN...

Uns begegnen
immer wieder Menschen
die sind oftmals
so sehr selbst von sich getrennt
dass man sie in manch Momenten
nur noch an dem Namen kennt...

AUFOPFERUNG

Du siehst dich an am frühen Morgen
erkennst dich selbst nicht mehr
du hast so viele Sorgen
du fühlst dich matt und leer...

Siehst aus wie eine Puppe
mit der man spielen kann
gibst andern ihre Suppe
und rührst sie selbst nicht an...

Nun spürst du deine Tränen
wie kalt ist dein Gesicht
geholfen hast du vielen
dir selber aber nicht...

SPIEGELBILD

Du brauchst dich doch nur anzusehen
in meinem Lieblingsspiegel
dein Bild ist darin ganz verzehrt
du bist dir lang schon nichts mehr wert...

Nur die Problemchen liebst du Tag und Nacht
doch sie dich leider nicht
wirf sie bloß schnellstens vor die Tür
lieben kannst du dich dafür...

DU MEINST...

Du meinst- du drehst dich nur im Kreise
du - der sich immer so bemüht
und selbst die auserlesene Reise
gibt dir die Erfüllung nicht...

Beginnt dein Wolkenreich jedoch zu platzen
und kannst du keine Rettung sehen
willst du wie deine alten Katzen
nur noch sanft zu Boden gehen...

EINSAM

Bist du da
am Ziel der "Träume"
machst dann eine lange Rast
stören dich bald die dichten Bäume
die du selbst gepflanzt dir hast...

Willst du nun
mal dorthin schauen
wo man ohne dich auch lacht
stößt du bald an deine Wände
denn an Fenster
hast du früher nicht gedacht...

ENTFREMDUNG

Je mehr du weißt
um so weiter
wirst du dich
von anderen entfernen...

Je schneller du lernst
um so schneller
wird der Abstand aufgebaut...

Je intensiver
du darüber nachdenkst
um so bewusster
werden dir die Entfremdungen sein

von deinen alten Freunden...

HILFE

Nicht alles was man tut
ist richtig...
Das Richtige wirkt auch oft
falsch...
Doch manchmal ist es einfach
wichtig...
Nur hinzusehen
dem beizustehen
der dich anschaut...

MENSCHEN

Warum fällt es euch viel leichter
zu erzählen was den Freund bedrängt ?
Warum dafür umso schwerer
wie ihr selbst darüber denkt ?

Warum schauen wir nur zu gerne
was der Nachbar gerade tut ?
Warum fehlt nur trotz des Wollens
immer wieder unser Mut ?

ENTTÄUSCHUNG

Es ist nur schwerlich zu verstehen
wie du dich jetzt so geben kannst
wie kannst du nur so biegsam sein
selbst deinen Geist so zu verdrehen...

Ich habe fest daran geglaubt
du hast die Kraft
das durchzustehen
doch die hat man dir wohl geraubt...

Es ist nur schwerlich zu verstehen
was du mit dir
jetzt machen lässt-
Noch nie hab ich dich so gesehen...

SCHWER...

Es ist nicht leicht
ein Mensch zu werden-
Es ist schwer
ein Mensch zu sein-
Es ist noch schwerer
immer Mensch zu bleiben-

Weißt du
was Menschen menschlich werden lässt...?

GIB DIR DOCH BITTE EINMAL MÜHE...

Gib dir doch bitte einmal Mühe
so wie du sie
dir oft von anderen versprichst...
Versuch doch mal
dich selbst zu ändern...
Schau dir dabei in dein Gesicht...

Siehst du in deinem Haus die Stühle
die stehen da
und sind doch leer...
Fremde werden dort
nicht sitzen
und Freunde hast du ja nicht mehr...

UNTERTAN

Denk nur alles
was er denkt...
Glaub nur alles
was er glaubt...
Wird er trotzdem auf dich schimpfen
hast du ihm den Nerv geraubt...

Setz bloß durch
was alle wollen...
Frage nicht
weshalb... warum...
Werden sie dich auch verhöhnen
warst du wieder einmal dumm...

Lauf gleich los
wenn sie dich rufen...
fall dabei
doch niemals hin...
Werden sie dich dann zertreten
macht das schließlich wenig Sinn...

Oder doch ?
Denkst du erleichtert...
Schließlich hab ich meine Ruh
denn den allerletzten Deckel
klappt ein andrer für mich zu...

WUTAUSBRUCH

Ich frag mich schon
warum du das hier tust
weshalb du diese Kreatur
jetzt so zerfetzt
in tausend Stücke
und noch mehr...
Sicher - du hast Recht
es ist nicht schwer
so einen Wurm
der schon am Boden kriecht
schnell zu zertreten...
(Natürlich ist das leicht)
Doch ich glaube
dass es reicht
ihn dort zu lassen
ohne ihn zu hassen...
Er wird die Schuld schon in sich spüren-
du musst ihn nicht einmal berühren...

REDNER

Da stehst du nun
dein Lächeln breit
und kalt wie Eis
dass wir erfrieren sollen
Wort für Wort
perfekt gestylt...
Kein Blick verfehlt
der uns ereilt...
Dein Spott- dein Hohn-
nicht länger zu ertragen...
Hast du auch was zu sagen?

MACHTKÄMPFE

Macht trifft uns nur tief
wenn sie unser Herz erreicht
zerstört uns ganz langsam
wenn sie unser Sein erweicht...
Der Mächtige macht Angst zu seinem Wohlgenuss
Furcht erzeugen ist was er tun muss
für sich –
Doch auch der Mächtigste hat Angst
vor dem Ende seiner Macht
vor dieser letzten geruhsamen Nacht-
Er weiß es am besten
wie es sich fühlt und wie es schmeckt
und immer neue Kräfte weckt...
Er weiß aber auch wie sie kommen
die Geier der Macht
die heimlich
über jeden seiner Schritte gewacht...
Sie werden lächeln –
Sie werden lachen –
Seinen Verlust zu ihrem Gewinn machen...

ZU VIEL...

Millionen Worte werden gesprochen
täglich-
Tausende davon sind überflüssig
Hunderte falsch-
Doch das
was du jetzt sagst
ist einfach zu viel...

WUNSCHWECHSEL

Du wünschst es dir
und schaffst es auch
ganz oben anzukommen...
Nun bist du da
doch ganz allein
und fühlst dich plötzlich elend...
Du bist der Mann
die starke Frau
die alle so bewundern
doch insgeheim
da wünschst du dir
ganz leis zurückzugehen...

HAT MAN IRRE JE BESTOHLEN?

Willst du Neues schaffen
wirst du sehr oft verlacht
weil du einfach anders
als der andre
wieder mal gedacht...
Siehst du neu-
Wirst du auch Neues sehen
nur den Weg zu deinem Ausblick
musst du ganz alleine gehen...
Zeigst du andern dann das Neue
musst du enttäuscht erfahren-
Sie haben dich mitsamt dem Neuen
als verrückt längst abgetan...

Doch Mitleid wird dem Irren schnell
geschenkt
weil man das Neue gern im Untergrund
versenkt
um es später (für sich selbst)
ganz heimlich wieder rauszuholen...

Hat man Irre je bestohlen?

HAST DU DENN NICHTS GELERNT VON DIR ?

Hast du denn nichts gelernt von dir ?
Dich nie erlebt in deinem Leben ?
Wo bist du bloß gewesen ?

Du kommst zu mir
doch bleibst bei dir...

Der Abstand zu uns beiden ist
was du bis heut geblieben bist -
Ein unnahbares Wesen...

ERSCHÖPFT

Erzähle
wenn du mir erzählen willst-
Sprich nicht
wenn du es nicht wirklich willst-
Sag bitte etwas
auch wenn es nichts
zu sagen gibt-
Sag nichts
wenn es schon wieder darum *geht-*
Ich könnt es heute nicht ertragen...

KEINE ZEIT

Keine Zeit
sagtest du
und bist gegangen...
Ich frage nicht
wohin du gehst-
Für irgendwas
für irgendwen
wirst du sie haben
deine Zeit...
Kein Mensch
lebt außerhalb der Zeit
du selbst verteilst sie-
Für was
für wen
entscheidest du...
Ich weiß
nicht nur allein
doch könnt es sein
dass du sie oft verschwendest ?

IRRGLAUBE

Ich sage nicht
dass ich alles viel besser versteh
ich sage nur
dass ich vieles anders seh...

Du glaubst wieder nicht
was du erkennst...
Du merkst wieder nicht
dass du in eine Falle rennst...

AUSSICHTSLOS?

Welche Zeit heilt welche Wunden?
Welche Wunden brauchen welche Zeit?
Wie viel Zeit heilt wie viel Wunden?
Wie viel Wunden brauchen wie viel Zeit?

Es tut mir leid -
Ich bin noch immer nicht so weit...

VERGANGENHEIT IST...

Vergangenheit ist
was vorbei
und doch nicht vergangen scheint
was wir erlebt haben
wieder erleben wollen
oder auch nicht
das was wir vergessen konnten
oder nie können...

Vergangenheit ist
was in uns lebt
ein Gedanke
der uns umwebt
der uns verändert
Tag für Tag...

Du fühlst noch immer wie ein Kind
so unbeschwert
mit diesem Wissen
dass auch wir vergänglich sind...

TRAUER

Schmerzhafte Leere
in dir...
Sehen- ohne zu erkennen-
Hören- ohne zu verstehen-
Fühlen
um der Trauer nachzugehen...

Bedrückende Stille
zwischen uns...
Schau her- und du wirst erkennen-
Hör zu- und du wirst verstehen-
Fühlst du?
Bald kannst du wieder hören und sehen...

EINE ZEIT

Nichts ist wichtiger
auf der Welt
als unser kurzes Leben
für dich war wichtiger bis heut
es anderen zu geben...

Zu früh-
und doch vorbei
du selbst bist nun Vergangenheit-
Jeder hat nur eine Zeit
mit anderen zu leben...

Freundschaftliche Grausamkeiten

Ach so- du willst nicht weiterleben
weil er dich schon sehr bald verlässt...
Na komm- ich helfe alles zu besorgen
erledige auch gleich den Rest...

Schau her- ich hab ein Plätzchen schon
gefunden
nun steh nicht da vor deinem eignen Loch...
Na komm- ich werd dich jetzt reinschubsen
Was nun? Du lachst ja noch...

WAS HAT DER MANN?

Was hat die Frau? Was hat die Frau?
Sie spricht von einer Enge...
Du hast doch Platz -
Du hast doch Platz -
Und außerdem die Kinder...

Da sagt die Frau - da sagt die Frau -
Sie wird jetzt endlich gehen...
Dann hast du Platz -
Dann hast du Platz -
Und außerdem die Kinder...

Da sitzt der Mann - da sitzt der Mann -
der Raum wird immer enger...
Was hab ich bloß?
Was hab ich bloß?
Ich habe doch...

REINFALL

Ich brauchte irgendwas zum Knabbern
dacht einst der Mausevater Franz
schläft meine alte Frau Sieglinde
spring ich doch mal allein zum Tanz...

So spitzt er scharf die Vorderzähne
und bürstet seinen Mauseschwanz
schaut nach der schlafenden Sieglinde
verschwindet dann ganz schnell zum Tanz...

Schon zwinkert da ein süßes Mäuschen
doch irrte Mausevater Franz
mit Brille hätte er's gesehen
zu spät- Es war sein letzter Tanz...

IMMER WIEDER...

Es war einmal ein Hühnchen
das liebte einen Hahn
der Hahn- der holt das Hühnchen
auf seine Hühnerfarm...

Nun sprach der Hahn zum Hühnchen-
Komm schnell mit in mein Nest
erst kuscheln wir ein bisschen
dann kommt das Hochzeitsfest...

Er wünschte sich fünf Küken
sie freute sich gar sehr
die Küken waren niedlich
den Hahn sah sie nicht mehr...

Da weinte unser Hühnchen
um ihren alten Hahn
das hörte nun ein Hähnchen
aus ihrer Nachbarfarm...

Nun sprach der Hahn zum Hühnchen-
Komm schnell mit in mein Nest
erst kuscheln wir ein bisschen
dann kommt das Hochzeitsfest...

Er wünschte sich...

NOVEMBER

November du
wer mag dich schon ?
Dein Heulen und dein Schreien
und deine regennassen Haare
sind doch nur grau-
So grau möchte ich nicht sein...

November du
wer will dich schon ?
Mit Schrecken denke ich an dich
selbst deine lächelnd zarte Sonne
wirkt doch nur blass-
Viel blasser noch als ich...

November du
wer braucht dich schon ?
Ich würde dich kaum vermissen
denn deine stürmisch langen Nächte
sind doch nur kalt-
Schön kalt um warm zu küssen...

FEINER UNTERSCHIED

Männer wissen was sie wollen
Frau weiß stets was sie nicht will
hat sie immer neue Wünsche
erfüllt Mann diese trotzdem still...

Männer sagen was sie brauchen
Frau weiß längst was sie so brauch
doch Mann wird es kaum erfahren
Schweigen können Frauen auch...

FRAUEN

Frauen sind doch Schlangen
wie man schon lange weiß
haben sie erst angefangen
wird es dem Manne heiß...

Und wenn du müde dasitzt
geht es mir durch den Sinn
Ich weiß - ich werd gleich Schlange...
Ich schlängel mich schon hin...

AUCH WENN ES KRIBBELT...

Auch wenn es kribbelt
und so krabbelt
ein Fisch an deiner Angel zappelt
selbst wenn du ihn ans Ufer ziehst
und in der Pfanne braten siehst
kannst du ihn manchmal doch nicht essen-
Auch Fische können Angler fressen...

ENGEL UND TEUFEL

Schwach zu mir
und stark zu dir
kämpfst du dich durch mein Leben
spricht auch dein Freund so auf dich ein
willst du doch nur der meine sein
und dafür kannst du alles geben...

Du läufst mir ständig hinterher
kein Hindernis ist dir zu schwer...

Stark zu dir
und schwach zu mir
so feg ich durch dein Leben
spricht auch der Teufel auf mich ein
will ich doch nur dein Engel sein
doch das geht jedesmal daneben...

Kein Freistart für die Engelszeit
es tut mir wirklich... wirklich leid...

WENN ICH IN DEINE AUGEN SCHAU...

Wenn ich in deine Augen schau
dann seh ich viele Sünden
die eine mehr
die andre kaum
selbst ich spazier durch deinen Traum...

Wenn du mir in die Augen schaust
dann siehst du dich dort sitzen
den Platz
hab ich für dich gemacht

So gut hab ich noch nie gelacht...

MECHTHILD

Mechthilde war ein schönes Kind-
Sie hatte rote Locken-
Sie liebte sich
und vieles mehr
vor allem graue Socken...

So ganz die Wahrheit spricht sie nicht-
Mechthild- mit ihren Locken-
Sie liebte das
was zu ihr kam
in diesen grauen Socken...

Mechthilde war ein schönes Kind-
Sie hat nun graue Locken-
Sie denkt an das
was einmal war
und stopft die alten Socken...

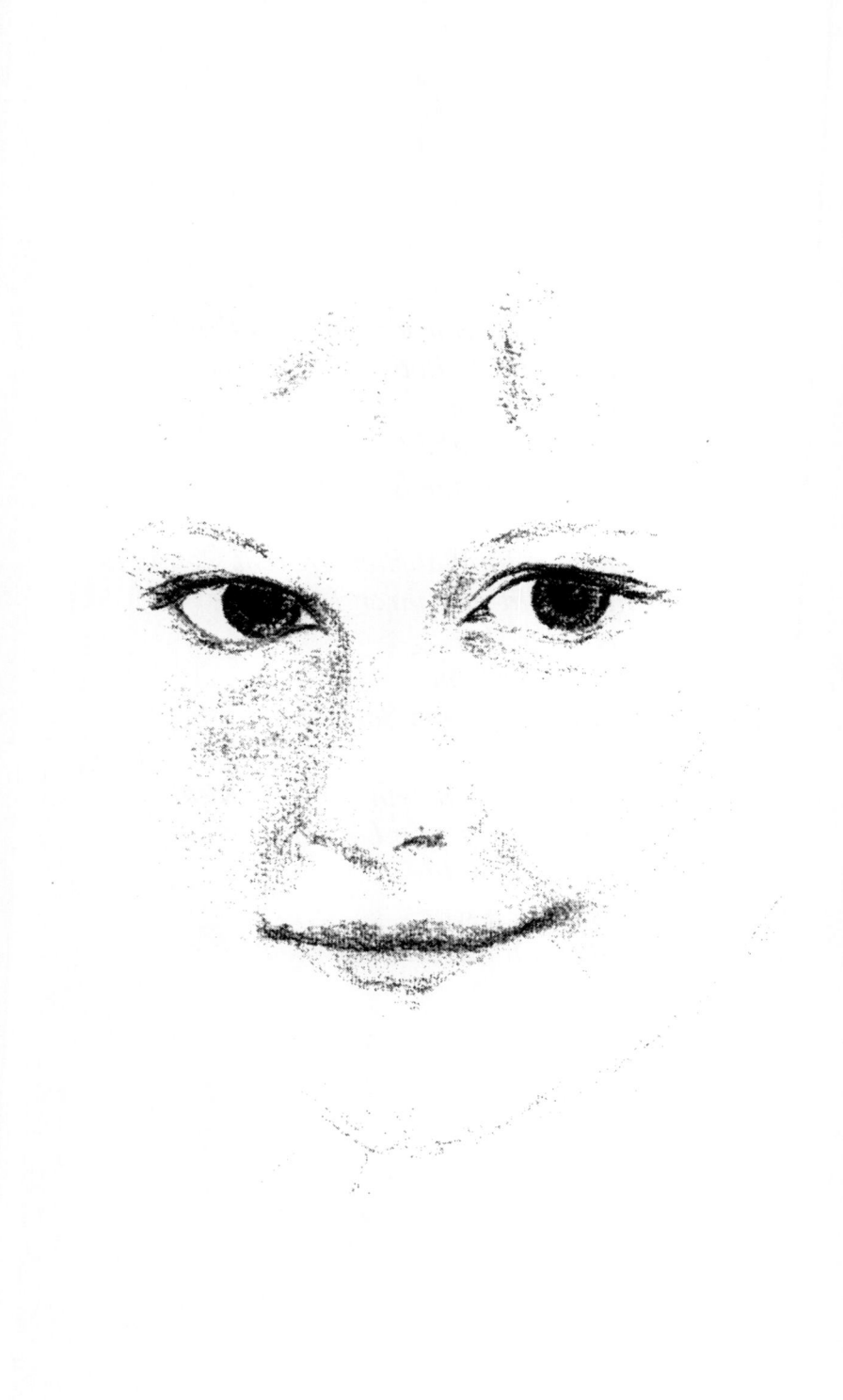

MAUSEFALLE

Du bist da
und stehst doch hier
doch er wird dich nicht sehen...
Du warst schon vor der anderen da
und wirst auch niemals gehen...

Da stehst du nun
du könntest schreien
er wird dich nicht mal hören...
Dein Selbstmitleid zerfließt im Raum
lass dich doch endlich stören...

Kopf hoch-
Brust raus-
Die Mauszeit wirf hinüber-
Mach was aus dir-
Zieh dich schick an-
Sieh da...
Er schaut herüber...

MISSVERSTÄNDNIS

Vertrautheit ist nicht immer Freundschaft
vertraut hast du zu jeder Zeit
Freude hat man dir gegeben
Freundschaft war noch nicht so weit...

Freundschaft braucht so viel Vertrauen
Vertrauen gabst du allezeit
Enttäuschung hat man dir gegeben—
Zur Freundschaft warst nur du bereit...

ANNÄHERUNG

Wir nähern uns an
mit den Jahren
in denen
wir uns nahe sind
Manchmal bringt schon
ein Blick
ein Wort
kurze Nähe...

Komm her zu mir
ganz nahe
solange wir uns nahe sind...

VERLIEBT

Es ist so leicht zu sehen
das was man noch nicht kennt
es ist so schwer zu gehen
wenn schon das Feuer brennt...

Ich könnte dich belehren
doch höre ich nur zu
will dir den Schritt verwehren
doch sage nichts dazu...

Möchte dich davor bewahren
obwohl ich es nicht kann
du musst es selbst erfahren-
Nichts kommt dagegen an...

ZEITLOS?

Du stehst zu mir
ich steh zu dir
Freund bleibt Freund
für immer
irgendwie
irgendwo
wenn auch nicht sichtbar
für andere-
So bleibt doch was
für immer
in uns
an uns
mit uns
mit dir
mit mir-
Denn einmal waren wir...

TRENNUNG

Die Zeichen unserer Wege sind gesetzt
sagst du
und kannst mich nicht verstehen...

Dein Ziel war noch nie das meine
es gehörte
immer doch nur dir...
Lauf nur weiter auf den alten Sohlen
aber bitte
nicht mit mir...

ABSCHIED

Vergiss nicht
wenn du gehst
mitzunehmen
was dir gehört
den Schrank
den Tisch
das Bild von mir
die Zeit mit dir
lass sie nicht hier...

Vergiss nicht
wenn du gehst
mitzunehmen
was mir gehört
das Bett
den Stuhl
das Bild von dir
die Zeit mit mir
lass sie nicht hier...

Nimm alles mit
vor allem dich...
Übrig bleiben
will nur ich...

DAS WAR DER MITTELPUNKT IN DEINEM LEBEN...

Das war der Mittelpunkt in deinem Leben
dein Kind - dein Mann- dein Haus-
deine ganze Kraft hast du dafür gegeben
jahrelang füllte dich das aus...

Dann ließest du die Tür dir offen
so konntest du nach draußen gehen
und heimlich auf das Etwas *hoffen*
du glaubtest es schon bald zu sehen...

Die Aussicht war so herrlich weit
nur du hast sie allein gesehen...
Plötzlich warst du nicht mehr bereit
zum Mittelpunkt zurückzugehen...

NEUBEGINN

So viele Gedanken
die ich mir
um dich gemacht habe
hast du
dir selbst noch nie gegönnt...
Diese Gedanken
die du auch mir
nicht gegönnt hast
werde ich mir
ab heute
lieber um mich selber machen...

ANERKENNUNG

Die Hunderte von Wochen
die du wohl älter bist
hast du bei mir
noch nicht vermisst...

Ja Tausende von Tagen
macht unser Anfang aus
doch trotzdem sagst du heute
bin ich dir schon voraus...

Selbst die Millionen
von Sekunden
sind plötzlich
ganz verschwunden...

WAS ZÄHLT?

Als Kinder zählten wir unsere Jahre
und wurden an ihnen gemessen-
Nun zählen wir unser Geld
und werden nach ihm bewertet-
Irgendwann ist alles gezählt...

Ich hoffe
vorher zu erfahren
was wirklich zählt...

KLEINE WELT?

Klein ist deine Welt
umgeben
von lauter Kleinigkeiten
die du gesammelt hast
in deinem Leben...

Zu viele
um sie noch zu ordnen
zu viele
um sie zu vergessen
zu wenig
um je Großes zu vollbringen...

Doch–
es sind deine...

LEBENSLÄNGLICH

Heute willst du tun
leben und lachen
morgen auch noch...
Bist du dann älter
wirst du auch noch lachen
leben und tun...
Vielleicht besser
vielleicht schlechter
vielleicht genauso...
Wenn ich einmal alt bin
will ich sagen können
ich habe getan
ich habe gelebt
und hatte bis zum Schluss
gut Lachen...

GUT ODER SCHLECHT ?

Meide die Menschen
die genau wissen
was gut ist für dich
das Gute behalten genau diese
am liebsten für sich...

Glaube nicht denen
die genau wissen
was schlecht ist für dich
wenn's dir nämlich schlecht geht
dann freuen sie sich...

Verzichte auf jene
die genau wissen
dass du nichts verstehst
die dich warnend stoppen
wenn du vorwärts gehst...

Umgib dich mit Menschen
für die du etwas bist
die nicht ständig sagen
was schlecht für dich ist ...

Begrüße die Menschen
die gern zu dir gehen
die auch deine Launen
ein wenig verstehen ...

Wer kann denn schon wissen
was gut für dich ist ?
wer könnt wohl erahnen
wann du bei dir bist ?

DU WUNDERST DICH ?

Du wunderst dich
warum du heute
von mir ein Geschenk bekommst?
Kein besonderer Tag ?
Doch!
Besonders ist jeder Tag
und besonders dieser Tag
weil mir heute
so ganz besonders zumute ist...

SCHLAF DEN TAG NOCH HEUTE AUS !

Schlaf den Tag
noch heute aus
steh endlich auf
und geh-
geh hin zu deinen Träumen
du darfst nichts mehr versäumen
dreh dich nicht um
lauf los -
denn wenn du
heut den Mut nicht hast
ist deine letzte Chance verpasst -

WIE VIEL TAGE HAT DIE ZEIT?

Wie viel Tage hat die Zeit
die uns noch bleibt
zum Leben
für das
wonach wir streben?

Wie viel Nächte hat die Zeit
die uns noch bleibt
zum Träumen
für das
was wir am Tag versäumen?

Wie viel Stunden hat die Zeit
die uns noch bleibt
zum Lieben
ohne die Tage und Nächte
wertlos blieben?

WÜNSCHE

Ich wünsch dir
frei zu sein
frei genug
um täglich etwas zu wollen
frei genug
um nach dem Wollen auch zu tun-
Freiheit auch um das zu machen
was andere niemals wagen würden ...

Freizeit auch
um Freiheit
neu zu finden...

Ich wünsch dir
frei genug zu sein
um selbst zu denken
die Kraft dazu
dein Leben auch zu lenken
und Zeit nicht sinnlos zu verschenken-
Ich wünsche dir
den Wunsch zum eignen Tun
um dann erfüllter auszuruhen ...

FÜR DICH

Und wenn du grad mal Zeit hast
dann denk doch einfach dran...
Wie schön etwas zu schaffen...
Fang heute damit an ! ! !

Tagebuch